Träume sind Reisen, die einen von vertrauten Gebieten wegziehen, das Herz stärken und die Seele ermächtigen.

WIDMUNG

Ich danke Maik, Sandy, Rocco und alle, die sich noch angesprochen fühlen, da sie mir mentale Unterstützung gaben zur Erfüllung meines größten Traumes.

Josie Fischer

Emotionographie

Erinnerungen einer Jugend

LYRIK

Bibliografische Information der Deutschen Bibliothek:
Die Deutsche Bibliothek verzeichnet diese Publikation in der Deutschen
Nationalbibliografie; detaillierte Daten sind im Internet über
<http://dnb.ddb.de> abrufbar.

© 2006 Josie Fischer
Herstellung und Verlag: Books on Demand GmbH, Norderstedt
ISBN 3-8334-4408-8

Inhalt

September 2002
Ohne dich

Entgegen meinem Willen sitze ich hier
Und weine, schluchze, hemmungslos.
Und doch entkommt meiner Kehle nicht der Ton,
Der meinen Schmerz ausdrücken könnte.
Ich friere, doch habe ich jetzt niemanden mehr,
Der mich wärmt, dich.
Die Erinnerungen, die Emotionen,
Wenn ich dich sehe, an dich denke –
Werden sie jemals gehen?

Ich glaubte, es sei Liebe,
Sah dieses Vertrauen,
Deine Rührung über meine Zuneigung.

Hast du so schnell aufgegeben,
Nur wegen ihnen?
War ich dir nicht wichtig genug?

Ich will nur dich,
Du bist der Einzige, mit dem ich mir eine tiefe Beziehung,
So wie wir sie hatten, vorstellen kann.
Und doch ist alles vorbei.
Und das, was mich an dich erinnert,
Ist der Schmerz.

10.06.2003
Mirror

Everytime I look into the mirror
I see what I feel
A person I want to be
I see what's so deep inside of me
But nobody knows
I see love for a boy
Who doesn't love me, too
I see another part of me
Who wants to kill itself everyday
I see the pain
Bothers my body
If I could change I would
And turn round
Turn my back to the mirror
And go in a life
Where I don't know anything
About my past
If I could change I would.

20.11.2003
Falsch

Ich sah heute Abend zum Himmel hinauf.
Er war so wunderschön
Und ich dachte nur:
»Das Leben kann so schön sein.«

Wenn es so wäre.
Ich kann mir nicht vorstellen,
Dass da in meinem Bauch vielleicht ein Leben entsteht.

Und dass ich es bereuen könnte.
Ist es falsch etwas zu tun,
Wovon man glaubt, es sei richtig?
Jemandem zeigen zu wollen,
Wie viel er einem bedeutet?

Ich kann nicht mehr.
Die Leere in mir droht mich zu verschlucken.

Es ist so kalt.
Der Schnee fällt und bedeckt meinen Busen
Wie die tausend Tränen, die ich weinen möchte,
Aber nicht kann.

Was soll ich nur tun?
Dasitzen und warten?

Ich fühle mich so schuldig.
Als hätte ich unsere Freundschaft zerstört.
Ist es falsch, etwas zu tun,
Wovon man glaubt, es sei richtig?
Jemanden zu lieben?
Auch wenn es einen jede Sekunde mehr umbringt?

Ich sehe wieder zum Himmel hinauf.
Er ist so wunderschön.
Ich möchte in dieser Ewigkeit verschwinden.
Was ist denn schon ein Leben
Ohne dich lieben zu dürfen?

29.01.2004
Kampf

Ich dachte wirklich, endlich mein Ziel erreicht zu haben
Die wahre Liebe, das Geheimnis gefunden zu haben
Doch noch habe ich die Hoffnung nicht ganz aufgegeben
Vertraue auf das Vertrauen, das wir uns entgegenbrachten,
Die Ehrlichkeit, deine Liebe,
Dass es bald wieder so wird wie früher.

Ich weiß nicht mehr, was und wem ich glauben soll
Den Freunden, die glauben, dich zu kennen
Mir und meinem Vertrauen, meiner Hoffnung
Dir und deinen beruhigenden Sätzen,
Die mich seit Tagen begleiten?

Ich bin so haltlos
Falle immer mehr, immer weiter
Nicht nur, weil mein Körper meiner Seele folgt
Und langsam aufgibt zu kämpfen.

Ich habe noch nie um meine Liebe gekämpft
Wusste, Liebe ist nicht das, was sie sein sollte
Doch um dich möchte ich kämpfen
Von mir aus bis zu meinem Tod
Weil ich fühle, Liebe mit dir könnte so sein,
Wie sie sein sollte
Und wenn nicht, dann ist mir eines klar:
Spätestens im Jenseits werde ich dich wiedersehen.

29.04.2004
Schmerz

Nächtelang hast du in mir gewohnt
Meine brennende Sehnsucht wurde belohnt
Von dir durch Küsse und Berührungen
Mich ganz einzunehmen war dir gelungen.

Wochenlang wohnte in mir Schmerz
Brach mit meiner Seele vor allem mein Herz
Ich habe stundenlang geweint -
Um dich, um uns,
Hoffte, wir würden wieder vereint.

Plötzlich wolltest du mich nicht mehr
Dieses vermeintliche Schicksal war nicht fair
Du solltest nun nicht mehr zu meinem Leben gehören -
So konnte es keinen Gott geben,
Das würde ich schwören!

Du hast mir so weh getan wie niemand zuvor
Noch dazu, weil ich ein Leben verlor
Sollte dir und mir geschenkt sein
Und wurde nur zu meinem Schmerz allein.

Ich fühlte mich einsam, sinnlos und leer
Dieses Gewicht zu tragen war so schwer
Noch heute glaube ich,
Du solltest mein Schicksal gewesen sein,
Doch ich habe längst keinen Glauben mehr – NEIN!

Ich fange an, dich zu vergessen
Dies ließ mich zuerst nicht einmal mehr essen
Doch es macht mir nun nichts mehr aus
Habe eine neue Liebe gefunden,
Ein Schutz, wie ein einbruchssicheres Haus.

29.05.2004
Abschied

Ich hätte nie gedacht, das einmal zu schreiben
Hier zu sitzen und mit solchen Gedanken zu verbleiben
Nichts läuft mehr so wie es eigentlich soll
Und du bist wie jeder andere – wie toll!

Manche Menschen sind an einem Punkt in ihrem Leben
Wo sie nur noch können auf den Tod zustreben,
Sie beten darum leben zu dürfen
Und bewerfen das Schicksal mit so vielen Vorwürfen,
Denn dieses Ende, diesen Weg haben sie nicht verdient.
Sie beten zu einem Gott, den es nicht geben kann,
Da sie daliegen und warten auf das Wann.

Ich bin an einem Punkt, dieses Schicksal teilen zu wollen,
Aber ich bete und flehe auch nicht darum,
Denn es gibt für mich keinen Gott,
Er beantwortete mir nie das Warum,
Er will wohl, dass wir unser Leben akzeptieren sollen.

Warum muss nur Unglück blühen und wieder keimen,
Soviel, dass ich nicht mal mehr kann darüber weinen?

Mit diesem Stück nehme ich Abschied von dir,
Mehr wirst du nicht hören von mir.

Ich hatte gehofft, du würdest mich nicht dahinbringen,
Wo du mich aufgefangen hattest,
Doch diese Hoffnung ist nun endgültig verblasst.

Ich habe dich geliebt
Und du mit mir gespielt.
Ich will weg von hier,
Doch ich weiß, egal wohin ich lauf,
Dieses Gefühl hört nicht auf,
Dass mein Herz nun kalt ist und ich frier.

Mir ist es schon sooft passiert,
Dass ich Männer klassifiziert,
Doch ich glaubte an das Gute im Menschen
Und an die Liebe, die man nicht kann verfälschen.

Ich habe geliebt, bin nun leer,
Das Leben zu leben ist schwer.

Warum hast du mir nie das Gefühl gegeben
Dir wichtig zu sein?
Ich kam mir so sinnlos vor und mächtig klein.

Ich weiß, ich habe daraus gelernt,
Auch wenn es sich anfühlt, als hättest du mein Herz entfernt.

15.06.2004
Warum?

Könntest du jetzt in meine Augen sehen
Würdest du nichts erkennen.
Nichts außer deine eigenen Fehler,
Die dich von mir aus anstarren,
Um dich nach dem Warum zu fragen.

Warum du mir das angetan hast.
Warum du mich belogen hast.
Warum du mir nie gezeigt hast,
Dass ich dir wichtig bin.

Würde mich hier jemand sitzen sehen;
Hier in der Sonne, nachdenkend,
Meine Tränen glitzern
Und ich wische sie beschämt weg.
Er würde mich frage, was los sei
Und ich müsste antworten,
Obwohl ich doch nicht will.
Denn ich bin es leid,
Dass mir immer wieder dasselbe passiert.

Wieder und immer wieder.
Dabei werde ich leerer-
Leerer und leerer.
Dabei wird mein Herz kälter-
Kälter und immer kälter.

17.06.2004
Loblied an Gott

Ich habe dir immer vertraut
Immer auf dich gebaut
Vor allem in schlechten Zeiten
Und ich glaubte und hoffte,
Alles was passierte,
Sei dein Wille
Und deshalb zu akzeptieren,
Denn du bist allmächtig.

Aber nur in den Geschichten
Über dich und all die Menschen,
Die glauben,
Die Wahrheit gepachtet zu haben.

Denn in Wahrheit
Bist du nicht mehr
Als das Wort, das ich spreche.
Ein Hauch, der schnell verschwindet,
Nicht mehr.

Denn du lässt die Menschen,
Die ich liebe,
Verschwinden als wären sie nie geboren.
Und mich allein mit meinem Schicksal.
Hörst nicht auf meine Gebete,
Mit denen ich nun
In dieser Erkenntnis aufhörte.

Danke Gott, dass es dich nicht gibt,
Dass ich nie etwas
Von deiner Existenz spürte.

05.07.2004
Was von dir geblieben ist

Ich sehe zu, wie die Kerze niederbrennt
Wie betäubt sehe ich ihr zu, die ganze Nacht
Und ich frage mich: Warum hast du dich damals von mir getrennt?
Ich kann es nicht beschreiben, auf diesem Stuhl hält mich eine Macht.

Könnte jetzt jemand in meine Augen sehen,
Würde er es nicht verstehen
In ihnen würde er die Trauer über die Vergangenheit erkennen;
Die Bilder, die Erinnerungen, die mein Herz so verbrennen.

Ich fühle mich so starr
Nichts wird mir mehr klar
Ich kenne die Wahrheit nicht
Es war wohl des Schicksals Pflicht
Mir diese Entscheidung aufzuerlegen
Und mich schmerzreiche einsame Nächte lassen pflegen.

Warum habe ich dich nicht angefleht
Bei mir zu bleiben?
Es nützte kein Gebet,
Und dein Anblick musste mir alles unter die Nase reiben.

Es gab keinen Platz zum Verstecken
Als die Zeit ging
Und ich versuchte meine Wunden zu lecken
Von dem Augenblick an, als der Schmerz anfing.

Du hast dich so verändert
Gleichst nicht mehr dem Menschen, dem ich einst vertraut
Bist du meinen Schmerz denn noch wert?
Und die Tränen, die benetzen meine Haut?

05.07.2004
Dunkle Gedanken

Wandeln wir nicht unser Leben lang auf dunklen Pfaden?
Die Zeit jagt uns wie ein Raubtier
Damit wir in Angst vor Fehlern die Augen verschließen,
Die Wahrheit so nie erkennen können.

Mich erfreuen die Sonnenuntergänge
Die unendlich scheinende rote Glut,
Die meinem Blut gleicht,
Das mir gleichmäßig vom Arm tropft.

Ist es unser verdammtes Schicksal Schmerz zu erleiden?
Liebt uns Gott denn nicht mehr, wenn es ihn denn gibt?

Das ist nicht der Weg, den zu leben ich gewählt hatte
Ich sehe kein Anzeichen für freien Willen
Denn ich spüre die Macht in meinem Rücken,
Die mich bei der Hand nahm,
Mich nun in mein Verderben führt.

04.10.2004
Verlust und Neunanfang

Ich sollte eigentlich nicht mehr an dich denken,
Meine Gedanken und Gefühle auf meine Beziehung lenken.
Doch warum bist du so oft in meinen Gedanken,
So als könntest du in meinen Kopf ohne Schranken?

Was ist damals nur schief gegangen?
War ich zu sehr in der Liebe gefangen,
Ohne zu merken, dass wir uns immer mehr distanzieren
Und uns im Alltag verlieren?

Ich wollte doch nur die Einzige sein,
Die ewig an deiner Seite bleibt.
Doch es sollte wohl nicht sein.
Nun, warum die Zeit nicht die Wunde heilt?

Das Loch, das nun in mir ist durch den Verlust,
Dieser kurzen und doch intensiven Zeit mit dir.
In mir ist nur eins durch diese Achterbahn und das ist Frust,
Dass ich mich in der Zeit verlier'.

…Und nicht bemerke, wie ich falle,
Obwohl ich doch fliegen sollte.

25.10.2004
Stärke

Ich fühle, dass ich mich verändert habe,
Ob es an dir liegt, weiß ich nicht.
Deine Liebe ist für mich eine himmlische Gabe,
Dass es die anderen verstehen, ist nicht ihre Pflicht.

Doch du lässt mich stark sein,
Obwohl nicht alles ist zu ertragen.
So dass ich mich manchmal fühle klein,
Weil sie nicht nach dem Warum fragen.

Sie sind gegen unsere Liebe,
Ihre Worte treffen mich wie Peitschehiebe.
Warum versteht uns niemand
Und warum wird meine Liebe als Hurerei verkannt?

Doch ich will Mut zeigen
Wie ein Reh allein auf einem Felde.
Es trotzt der Gefahr erschossen zu werden,
Ganz allein, im Herzen die Liebe, in der morgendlichen Kälte.

25.10.2004
Tanz der Erinnerungen

Als ich dich an diesem Abend zum Tanzen aufforderte,
Der alten Zeiten wegen,
Erinnerte ich mich an damals.
Als ich dich noch ohne schlechtes Gewissen küssen konnte,
Als ich dir noch jeden Tag sagte, ich liebe dich.

Wir wiegten aneinandergeschmiegt im ruhigen Rhythmus der
Musik
Und ich wollte dir soviel sagen,
Was mir doch im Halse stecken blieb.
Dass du jetzt Vater wärst,
Dass ich deine Gegenwart vermisst hatte.
Wollte dich fragen,
Ob du manchmal noch an mich denkst,
Ob du das verlorene Glück bereust.

Doch ich denke, dies alles ist Vergangenheit,
Ein reicher Schatz an Erfahrungen,
Wenn es auch traurige sind.

17.11.2004
Engel

Ich möchte dir soviel sagen,
Doch ich kann nur darüber klagen,
Dass die Worte nicht so aus mir wollen,
Wie sie eigentlich sollen.

Ich kann nicht beschreiben,
Was ich jetzt würde treiben
Ohne dich.
Nichts würde mich mehr durchdringen
Und die Vögel würden aufhören zu singen.

In diesem Monat hat sich mein Leben gewendet,
In dem du mir so viel zugesendet
An Liebe, Wärme, Geborgenheit und Vertrauen;
Und ich danke dir für deine Worte, die mich so aufbauen.

Es fühlt sich an, als wärst du die Hälfte,
Die mir schon immer fehlte
Und so bin ich glücklich, dass ich diesen Weg wählte.

Denn du bist der Engel,
Der mich auffing,
Als ich drohte,
In den Abgrund zu fallen.

26.11.2004
Traum

Die düstere Landschaft,
Einer Wüste gleich,
Griff um mich
Und die kahlen Berge in meinem Rücken
Schienen mich bedecken zu wollen.
Die Schatten näherten sich mir immer mehr
Bis meine Seele beinah ihrem Schwarz glich.

Du kamst mir entgegen,
Dein Bild glich meiner Erinnerung von dir,
Eine fast verblichene Erinnerung,
Doch lebendig in dem Schmerz,
Den sie in mir auslöst,
Die Panik, die Angst, die Ohnmacht
Und die Leere, die meiner Umgebung
So ähnlich war.

Ich ahne deinen Schmerz, sagtest du.
Es tut mir leid, was geschehen ist.
Es war wohl unser Schicksal,
Nicht zusammen bleiben zu können.

Und unser Kind, fragte ich.
Wie kannst du dieses Schicksal,
Wie du es nennst,
Akzeptieren können?

Du antwortetest mir so leise,
Dass ich kaum verstand,
Dass du nicht akzeptierst
Sondern vergisst.

Du vergisst unsere gemeinsame Zeit
Und den Schmerz, den zu tragen,
Nur mir bestimmt ist.

Ich wachte an diesem Morgen auf,
Die Sonne erhellte mein Gesicht,
Doch die Schatten meiner Seele blieben.
Neben mir drehte sich mein Geliebter im Schlaf um
Und kuschelte sich an meine nackte Haut.
Und ich begriff,
Ich muss akzeptieren,
Aber vergessen muss ich nicht
Und kann es auch gar nicht.

12.12.2004
Du

Wie kannst du nur in meine Augen sehen
Wie durch offene Türen
Deren Geheimnis du so schnell erschließt?

Deine Liebe ist das göttliche Licht,
Das das Schwarz meiner Seele erhellt
Und alle dunklen Ecken in ihr,
Voll von Furcht und Ohnmacht durch die Vergangenheit.

Du bist das Leben,
Das meine Starre belebt,
Der Sternschnuppenregen, Diamanten gleich,
Der meine Nacht erhellt.

Wie kannst du nur in meine Augen sehen
Wie durch offene Türen,
Die dich zu meinem Innersten führen,
Das so stumpf geworden war?

15.12.2004
Baby

Hey baby,
All I wanted to say was
That your leaving shocked me.
I felt the pain
And suddenly I knew I wasn't sleeping.
Suddenly I had a new view of life
And love from a mother to her child.
Why couldn't your death be mine -
Or the death of all the memories of pain?

When I see the shooting stars in the sky
I think of you
And your fallin' life.
And my guilt of your death
That corrodes me more and more.

I'm thinking about
If destiny decided 'bout your end
To punish me
Or to give me the chance for a new beginning
With more experiences…

22./23. 12. 2004
Erster Kuss

Es war wie eine Explosion, unser erster Kuss
Es war wie, als dass der Mond auf die Erde prallen muss.
Als deine Hände fast gewaltsam meinen Körper zu dir führten
Und deine Lippen die meinen zum ersten Mal berührten.

Ich hatte erst nicht gewusst, ob ich dir vertrauen konnte
Und führte so meine Seele in eine Revolte.
Doch nun lebe ich endgültig in Zuversicht:
Dich zu lieben ist nun meines Herzens Pflicht.

Und ich danke dir für soviel;
Für dein Vertrauen, deinen Trost und deine Liebe;
Und für das neugewonnene Selbstbewußtsein durch deine
Worte,
Kleinen Gesten und Tage in Einheit.

Doch jeder Abschied, den wir nehmen,
Scheint wie für immer, ein imaginärer Schemen,
Der jede Faser meines Körpers sich nach deiner Haut verzehren
lässt.

22. 12. 2004
Schicksal

Ein Sessel, über dem eine Baumwolldecke liegt,
Weich und so sanft zur Haut wie ein Sommerregen;
Auf ihm sitze ich, im Arm mein Kind,
Dessen braune Augen vertrauensvoll zu mir aufblicken,
Während ich es stille.

So wäre es jetzt, hätte das Schicksal nicht eingegriffen.
Wo sein Vater wäre, weiß ich nicht,
Wo der Ort wäre, an dem ich säße, weiß ich nicht;
Nur eines weiß ich ganz genau:
Dich würde ich nicht kennen.

Auch der größte Schmerz des Verlustes kann sein Gutes haben;
Diesen Schmerz, der einen aufzufressen scheint,
Kann nur das größte Glück auf Erden lindern -
Dich zu kennen und lieben zu dürfen.
Und so bin ich nun bereit, diesen Tag,
Der meine Seele zerstörte, zu akzeptieren.

08.01. 2005
Koma

Was würden sie sagen,
Wenn du ihnen nur erzählen könntest,
Was du erlebtest
In einer warmen unendlichen Hülle von Licht,
Ganz eingedeckt in Liebe und Ewigkeit?

Was taten sie dir nur an
In ihrem Wahn von angeblicher Menschenliebe?
Rissen dich von deinem Weg,
Der in dein ewiges richtiges Schicksal führen sollte.

Auch wenn es nicht so hätte enden sollen,
Was wäre jetzt noch besser als das -
Abgeschoben von der Welt und dem Licht,
In das gehüllt du jetzt dein ewiges Glück leben solltest?

13.01.2005
Wie...

Wie die Sonne, die durch ihr heiliges Licht
Das Grün der Blätter im Frühjahr wieder erwachen lässt;
Wie eine Supernova, deren Tod trotzdem Leben bringt;
Wie die Verschmelzung zweier Samen -
Zweier kleiner Zufälle, die doch ein Wunder hervorbringen;
Wie ein Sturm in der Wüste, der fruchtbare Erde mit sich
bringt;
So bist du in mein Leben getreten und beflügelst meine Seele
Wie eine scheinbar ewig währende Droge.

13.01.2005
Bad dream

I thought I shall be sleeping
Dreaming a nightmare
Which arms hug me dangerously
I thought I shall wake up next moment.

But I wasn't asleep
Not lying in my bed
Grey clouds of dreams in my head.

It was reality
Dark shadows catching my soul
As in my sadest dream
I never had before.

14.01.2005
Was wäre, wenn?

Ich frage mich manchmal, was wäre,
Hätte ich damals Nein gesagt.
Würde ich jetzt immer noch nach meiner zweiten Hälfte su-
chen,
Die ich einmal glaubte, gefunden zu haben?
Würde ich jetzt immer noch in meinem Schmerz liegen,
Wie in einem Moor aus Selbstmitleid?
Würde meine Haut jetzt schon nur durch Berührungen bluten?
Oder würde ich schon in seligem und heiligem weißen Licht flie-
gen,
Vereint mit dem verlorenen Leben und den toten Träumen,
Die mich einst leben ließen?

24.01.2005
Bester Freund

Eine Zeitlang war er mein bester Freund und nicht mehr,
In dieser Beziehung schien mir das Schicksal immer fair.
Wir trösteten uns, redeten lang und lachten,
Es gab fast nichts, was wir nicht machten,
Nur die Liebe zueinander schien uns vergönnt,
Wurde von mir der »Moral« wegen verpönt.
Doch die letzten Wochen ließen eine Veränderung in mir vorgehen,
Die meine Gedanken und Gefühle nur noch um ihn ließen drehen.

Wir saßen oft beieinander, Arm in Arm und so vertraut
Und in mir wurde langsam der Verdacht laut,
Dass ich mehr für ihn empfinde als ich sollte.
Dann hörte ich, dass er mich auch liebe
Und es doch wegen meiner noch bestehenden Beziehung nicht wollte,
Da mein Geliebter im Regen stehen bliebe.

Mein Kopf gleicht einer Achterbahn der Gefühle,
Da ich in einer Beziehung lebte, die scheinbar ewig hielte.
Doch ich muss auch an mich denken
Und mein Ich in neues Glück lenken.

01.02.20005
Süsses Gift

Dieses Gift, das nun in meinen Venen schwimmt
Schwächt mich ab und bringt mir neue Energie für den Tag;
Es löst Tränen ohne Unterlass in meinen Augen,
Lässt meinen Puls hochschnellen bis ich denke, ich sterbe jeden
Moment.
Auch wenn diese Gedanken an eine neue süße Zukunft
Meinen Magen so gut mit Kribbeln durchströmen.

Es lässt mich nicht mehr klar denken
Ob ich weinen oder lachen soll;
Ob ich glücklich oder traurig sein soll.

Dieses Gift, dass in meinen Venen schwimmt
Kommt nur durch deine Anwesenheit zum Stillstand
Und lässt mich langsam glauben zu sterben,
Wenn du nicht da bist.

03.02.2005
Winter in mir

Der Winter bricht aus in mir;
Seine Kälte vereist Mimik, Gestik und Herz.
Warum muss nur Unglück blühen
Wie eine Frucht, der die Eise Nahrung bietet;
Und warum stirbt die Liebe wie eine Rose -
Wunderschön und doch nie gegossen?

18.02.2005
Lass (mich)…

Lass mich diejenige sein, die dich auf Rosen bettet,
Wenn die dumpfe Tristheit der Tage dich zu verschlucken sucht,
Denn ich kämpfe um dich,
Ich bin die Erste, die dich befreit
Und die Letzte, die um dich weint.
Ich geb' dir die Liebe, die da draußen niemand so für dich emp-
findet.

So halt mich bitte weiter im Arm, wenn die Kälte der Welt
Versucht mich zu fest zu umarmen.
So lass deine weiche warme Haut die meine umfangen
Und am letzten Tag mich sanft aus den Träumen streicheln,
Um das Ende gemeinsam mit dir zu verbringen.

Also lass mich diejenige sein, die dich auf Rosen bettet,
Wenn die dumpfe Tristheit der Tage dich zu verschlucken sucht.
Lass mich um dich kämpfen.
Lass mich die Erste sein, die dich befreit
Und lass mich die Letzte sein, die um dich weint,
Denn ich geb' dir die Liebe, die da draußen niemand so für dich
empfindet.

28.02.2005
Erwachen

Tränen fließen ohne gemerkt zu werden,
Dein Blick so starr und ohne Liebe
Und dann wendest du mir den Rücken zu
Und gehst...
Licht zerfließt und lässt mich langsam wissen -
Es lässt mich wissen, ich schlief.

Die Tränen lassen meine Augen das Morgenlicht nicht einfangen,
Als ich plötzlich deine starken Arme um meinem Körper spüre
Und dich sagen höre, dass du immer für mich da bist.

Und doch kenne ich dich nur durch Zufall,
Was mich an einen Wink des Schicksals glauben lässt,
Doch ob es so ist, wird sich zeigen mit der Zeit.

So erwache ich aus einem selbsterschaffenen Traum
Und wandle durch die Realität,
Die noch schöner zu sein scheint,
Als ich bisher glaubte.

11.03.2005
Du, nur du…

Wem sollte dieses Lächeln geschenkt sein;
Wem sollten diese Berührungen sonst gelten;
So zart und warm,
Die doch eisige Schauer auf meiner Haut auslösen;
Wem sollten deine liebenden Küsse sonst gelten,
Denn mir?

Alles, was ich je wollte bist du,
Das ist mir nun klar.
Alles, was ich je spüren wollte und sollte,
Ist dein Körper, deine Hände, deine Liebe.

Wann hat je ein Schneesturm
Etwas Magisches,
Wenn er nicht unserer Leidenschaft gleichen würde?
Wann fühlt sich noch der erste Sonnenstrahl des Frühlings
Wie eine ausdrucksvolle Berührung all deiner Gefühle an?

15.03.2005
Strand

Er kam mit der Welle des Schicksals zur Flut an meinen Strand,
Doch mit der Ebbe ließ er mich zurück mit all den Muscheln und Steinen,
Die mich nur noch an ihn erinnern sollten.

Weitere Mondphasen später ritt die nächste Flut auf meinen Strand zu,
Sie hielt relativ lang an meiner Küste
Und brachte mit sich fruchtbare Erde,
Deren Frucht nach ihrem Abgang doch starb.

Nach dieser Flut und meinem verebbenden Schmerz
Kamen die kleinen Strömungen immer schneller und öfter
Sie überspülten meinen Strand mit Müll,
Den ich doch glaubte zu brauchen.

Warum sollte diese Welle dann anders sein?
Die nun an meiner Küste weilt,
Die meine Beschaffenheit auf den Kopf stellt
Und ihre fruchtbaren Meeresinhalte bei mir niederlegt?

Warum sollte etwas, das sich zum ersten Mal richtig anfühlt,
Nicht doch wie die anderen vor ihm enden
Und sich doch als falsch erweisen?

Oh, lass dieses heilige Wasser ewig auf meinem Sand liegen,
Lass es den Sand ewig nähren, als wenn es kein Morgen gäbe!

16.03.2005
Hilf mir...

Fühlst du nicht den Schmerz in mir,
Siehst du nicht, dass ich manchmal nicht mehr kann?
Führe mich aus der Dunkelheit,
Zeige mir den Weg, der mich befreit.
Warum holst du mich nicht aus der Trauer,
Die mich so quält?

Ja, ich weiß, auch du hast Sorgen,
Doch mit dem Gedanken an einen Morgen,
Der so beginnt,
Wie diese Nacht endet,
Möchte ich nicht leben.
Nicht mehr leben mit dem Denken
An eine andere Zukunft,
Hättest du mir diesen Weg nicht gezeigt.

Ich will, dass alles weitergeht,
Dass sich meine Welt wie gewohnt dreht,
Doch warum tut es dann so weh?

23. / 24. 03. 2005
Augenblick

Ich verehre den Augenblick, in dem meine Haut
Die deine berührt und ganz unter diesem Kontakt zerfließt.
Ich genieße das Feuer in meinem Körper
Vermischt mit der ruhigen Harmonie
Bei dem Blick in deine Augen,
Als würde nur noch dieser Moment für mich zählen.

Doch jede Sekunde, die wir mehr in dieser seligen Zweisamkeit
schwelgen,
Bringt uns unserem Ende näher
Und ich verfluche, dass die Zeit vergeht.

12. 04. 2005
Ich will…

Warum musst du mir nur so unsagbar fehlen?
Ich will dir doch nur meine Liebe geben
Und nicht mehr die Stunden zählen,
Bis ich dich wieder in meinen Armen halten kann.

Ich will mit dir mein Leben teilen
Und nicht nur durch die Zeit eilen.
Ich will deine Wärme ewig spüren
Und meine Hand in Liebe an dein Gesicht führen.

Ich will nicht, dass die Zeit mich wie ein Raubtier fängt
Und mich dabei aufhält,
Wenn das Schicksal mich in mein größtes Glück lenkt.

Ich will dich spüren, Tag und Nacht,
Die Gedanken an dich sind wie eine Macht -
So vergänglich wie unsere gemeinsamen Moment
Und doch unvergänglich in ihrer Intensität.

25. 04. 2005
First meeting

You ran beside me
Through that door
The first moment I knew
It should be love -
Maybe forever.

Did I see you before?
I didin't know.

But I saw it in your shinin' eyes -
So blue and lightnin' like the stars
We saw when we walked home
Through the dark lonely night.

I saw it in your smile
That cooled and warmed up my skin
In that moment you looked at me
The first time.

28. 04. 2005
Manchmal

Manchmal geh ich durch die Straßen,
Nirgendwo bleibt hängen mein Blick.
Manchmal steh ich so und wünsch mir die Kinderstube zurück
Manchmal wünsch ich mir nicht diese Phasen.

Manchmal wünsche ich mir die unendliche Ruhe
Manchmal hasse ich die Suche
Nach dem Sinn hierin.

Manchmal möchte ich den seidenen Faden abschneiden,
Der mich davor bewahrt in den Abgrund zu fallen.
Damit ich ohne schlechtes Gewissen
Den Fall genießen kann.

Doch selbst im ewigen Reich
Würd' ich dich vermissen,
Könnt dich nicht mit Gott missen.

31. 5. / 1. 6. 2005
Glück

Selig, dieses Glück aufzusaugen
Wie ein trockener Schwamm!
Dein Lächeln, das selbst die Dunkelheit der Nacht
Wie ein Sonnenstrahl durchdringt;
Diese scheinbar ewig währende Spannung,
Wenn sich unsere Haut berührt;
Deine Wärme und Nähe,
Heißer als jedes siedende Wasser.

Doch was nützt es,
Das Herz in das grausame Tal der Liebe
Fallen zu lassen;
Es später qualvoll herausziehen zu müssen?

Der immerwährende Zyklus
Von Qual, Glück und Verzweiflung,
Wenn nicht du mir die Angst
Nehmen kannst
Vor dem zerfressenden Verlust.

08. 06. 2005
Angst

Die Flügel des sanften Schlafes
Überkommen mich nicht,
Wenn deine Worte in meinem Kopf
Ein Chaos verursachen.

Die Angst, die mich deswegen verfolgt,
Lässt mich einem Untoten gleich
Durch den Tag wandeln.

Wie kannst du mir meine Angst nehmen,
Wenn du doch so etwas sagst?

Wie soll ich meine Worte klar fassen
Und dir sagen, wie viel du mir bedeutest,
Wenn die Angst vor dem Verlust
Deiner Liebe mich fast umbringt?

23. 06. 2005
Blume

Es hatte nie vieler Dinge gebraucht,
Es scheint alles so leicht;
Nur deine Nähe vielleicht,
Als ich war vom Leben so geschlaucht.

Es blüht nun alles wie durch das Licht der Sonne,
Doch die Schönheit dieser Wonne
Wird auch verdeckt durch das Dunkel der Sorgen,
Das unmöglich zu machen scheint das Morgen.

Doch man sagt, wo Schatten ist, da ist auch Licht,
Sonst würde blühen diese Blume nicht,
Genährt von Vertrauen und Liebe voll,
Das nie vergehen soll!

23. 06. 2005
Leben

Jeder Tag nur Nacht,
Jede Nacht nur Tränen und Schmerz,
Jeder Schmerz unendlich scheinend,
Jede Unendlichkeit mich fast zerfressend,
Jede Leere mich nichts mehr fühlen ließ.

Verlust kann in solchen Momenten ein Leben zerstören,
Die Zerstörung ein Leben prägen,
Glaubend machen,
Man könnte nie wieder lieben.

Licht brauchte lange in diese dunklen Ecken,
Eine fast tote Frucht wieder zum Leben zu erwecken,
Um es seinen Sinn wieder klar zu machen.

23. 06. 2005
If you…

If you were not the one I share my life with,
If you were not the one who makes me smile
Everytime I want to cry,
If you were not the one I would die for,
If you were not the one I want to hug everytime I want to,
If you were not the one I want to tell I love,

What would I do?

Would I be there were I should be?
Would I drown in a sea of tears?
Would I die because of a heart full of pain and fear?

23. 08. 2005
Ich kann nicht glauben (1)

Ich kann nicht glauben,
Jetzt an diesem Punkt
In meinem Leben zu sein,

An dem meine Blindheit
Wie verflogen scheint,
Seit dem Moment,
Als meine Augen dich das erste Mal erblickten.

Ich kann nicht glauben,
Dass keine Worte mir genügen,
Dir meine Liebe zu erklären.

Sag mir doch,
Was ich sagen soll,
Wenn ich den Kloß in meinem Hals spüre
Bei dem Gedanken
Jemals ohne dich sein zu müssen.

Sag mir doch,
Wie man Liebe beschreiben soll,
Ohne zu sagen,
Was so viele vor mir schon sagten…

Ich kann nicht glauben,
Jetzt an diesem Punkt
In meinem Leben zu sein,

An dem ich für immer anhalten will,
Da du meine Rastlosigkeit scheinbar gestoppt hast,
Mein Leben verändertest,
Ohne mich in meinem tiefsten Kern zu ändern.

Sag mir doch,
Dass ich dich nie verlieren werde,
Dass deine Liebe gleich meiner
Ewig unsere Herzen
Umwehen wird
Wie der Morgenwind,
Den Sonnentag ankündigend.

Sag mir bitte,
Dass diese wunderschöne Vision
Nur Schall und Rauch ist
Und ich aufwache
In dem Alptraum,
Der vor einem halben Jahr endete;
Und ich aufwache
Und suche und nicht finde,
So wie es immer war, bevor du da warst...

Denn ich kann es nicht glauben.

26. 08. 2005
Ich kann nicht glauben (2)

Denn ich kann es nicht glauben,
Dass die Qual jetzt zuende scheint,
Deren Folgen doch noch immer in mir stecken;

Und mich nun bitten lassen:
Vergib mir manchmal
Mein Misstrauen,
Meine Angst;

Denn sie sind die Rudimente
Einer Zeit, die fast wie vergessen scheint
Durch deine Wärme, deine Nähe,
Einfach alles, was dich ausmacht.

Doch wenn die Nacht mich noch nicht überkommt,
Kehren die Ängste zurück,
Die mich früher nie schlafen ließen
Und suggerieren mir –
Auch wir werden einmal wieder
Ohne einander sein.

Doch ich kann es nicht glauben, dass die Angst nicht
Als Realität Einzug hält
Und mich zu dem macht,
Was ich einst war.

29. 08. 2005
Wie leben?

Du bist nichts, sagten sie;
Keinen Wert hast du.
Leben mit solch Vorwürfen, wie?
Wie leben ohne Fragen stellen zu dürfen,
Vor allem die nach dem Warum?

Wie leben ohne die Menschen,
Die verantwortlich sind
Für die eigene Existenz?
Wie leben, wenn sie spüren lassen,
Wie sehr sie hassen die eigene Frucht?

Wie leben ohne die Kraft
Die eigenen Träume leben lassen zu können?
Wie leben, wenn niemand
An das Schaffen und Talent des Mitmenschen glaubt?

Wie leben, wenn man einen trifft,
Ihn kennen- und lieben lernt,
Aus Liebe alles für ihn tun würde,
Wenn er einen dazu zwänge,
Durchzuhalten, an die Kraft zu glauben
Die Träume realisieren zu können?

Soll ich die Vergangenheit vergessen,
Nicht verarbeiten,
Nur um endlich wieder leben zu können?

08. 09. 2005
Was siehst du in meinen Augen?

Was siehst du in ihnen,
Wenn du in diese schwarzumrandeten Augen siehst,
Glaubst du ihrem Ausdruck
Und den Worten,
Die über die dazugehörigen Lippen kommen?

Was glaubst du wohl,
Würde ich sonst hier tun
Als auf dich zu warten,
Ohne die Liebe,
Deretwegen ich hier sitze?

Was glaubst du wohl,
Warum ich nicht mehr schlafen kann,
Wenn ich nur daran denke,
Jemals ohne dich sein zu müssen?

Was wäre die Erde ohne den Mond?
Was hielte sie in ihrer Bahn?
Sind sie auch unterschiedlich,
Der Ursprung ist derselbe.

Sie brauchen sich,
Was wären sie ohne einander?
Und deshalb bitt' ich dich:
Verlass mich nicht.

24. 10. 2005
Der Seele Schlacht

In der stillen einsamen Nacht,
In der meine Seele geboren,
Kämpft sie auch jetzt noch eine Schlacht,
In der sie zur Niederlage auserkoren.

Alles ließen die Wolken verdunkeln,
Alles ward schwarz...
Die Stimmen meines Zwicspaltes munkeln,
Ihre Worte kleben an mir wie Harz.

Wollen meine Seele in die Hölle stürzen,
Als wären meine Tränen ihnen Nahrung,
Als würden sie zum Fortbestand des Unheils nützen,
Ewig in ihrer Verwahrung.

Und so wandelt mein Körper durch das Leben,
Genutzt allein, so scheint es, vom Geben,
Wandelt durch Raum und Zeit,
Nur an Hoffnung und Sehnsucht zu glauben bereit.

Die Augen sehen kaum das Licht
Und wollen an das Wunder darin glauben nicht.
Das Licht lässt mich endlich den Horizont sehen,
Endlich vergeht langsam mein Flehen,
Alles scheint plötzlich so klar
Und der Glaube an Liebe wahr.

Das Licht nimmt mich auf,
Es zeigt mir meinen sonst verborgenen Lauf,
Die dunklen Wolken sind nun zerronnen
Und meiner Seele Schlacht doch gewonnen.

27. 10. 2005
Ich weiß…

Ich weiß, dass ich nichts weiß
Nicht einmal mit größtem Fleiß
Erreiche ich das Ziel meines Strebens
Eine Tugend des Lebens.

Ich weiß nur, dass ich nicht sagen kann
Wie sehr ich dich liebe
Keine Worte sind richtig dann
Wenn die Liebe mich in den Tod triebe.

Ich weiß nur, dass die Sonne heller scheint
Wenn du bei mir bist
Dass die Sehnsucht mir wird zum Feind
Und ich anwenden muss eine List.

Ich weiß nicht, wie sehr du es tust
In Bezug auf mich
Zu lieben ohne Frust
Doch ich hoffe, du tust es,
Hoffentlich.

Musst du glauben, musst du wissen
Was du doch mit Sinnen kannst nicht missen?
Musst du lernen,
Was dich weiterbringt im Leben
Und dich vom Wesentlichen entfernen
Immer an den Fakten kleben?

Wenn ich doch sage
Dass ich dich liebe für die Ewigkeit
So ist die Sachlage
Und das mit großer Verlässlichkeit.

11. 11. 2005
Wille

Klare, unheimliche Stille,
Klare, nahezu tiefe Dunkelheit,
Die kleines Licht durchdringt wie ein Wille,
Der zielstrebig drängt nach seiner Freiheit.

Der Wille sucht die Toleranz
In meinen Gedanken,
Sucht die Akzeptanz
Ohne jegliche Schranken.

Er möchte seine Kraft beweisen
Um zu fahren auf Gleisen,
Die Leben spenden.

Warum soll der Verstand ihn blenden?
Wenn die Entscheidung die Zukunft nähret
Und sie nicht gefährdet.

14. 11. 2005
Kleiner Gedanke

Ich starre auf das Papier,
Nur um zu wissen,
Dass das, was ich schreiben werde,
Nicht dem entsprechen wird,
Was ich sagen will.

Unerträglicher körperlicher Schmerz
Und seelische Leere,
In Worten auf Papier,
Wer kann das?

Worte in den Gedanken,
Die doch nicht zum Verstand passen.

17. 12. 2005
Winter

Ich sehe den Schnee,
Die Pracht, gleich einer weißen Fee.
Ich rieche die kalte Luft,
Und er zeigt mir, dieser Duft,
Bilder einer Zeit,
Die längst ist Vergangenheit.

Sie ließ fast sterben mein Herz,
Das erfüllt von unsäglichem Schmerz.
Die Landschaft zeigt mir eine Welt,
Die mir nicht gefällt.

Da sie mich ein Bild sehen lässt,
Die ich nie wieder sehen wollte.
Durch es nur Traurigkeit wächst,
Das nun nie mehr in mir sein sollte.

Der Winter zeigt mir die Einsamkeit,
Ein Jahr voll Hoffnungslosigkeit,
Die nicht mehr ist,
Durch des Schicksals List.

PROSA

15. 03. 2003

Ich frage mich manchmal, ob man nicht als Atheist weniger Angst vor dem Leben hat als ein glaubender Mensch. Für ihn wäre das ganze Leben nur ein Zusammenspiel von elektrischen Impulsen, Genen und Hormonen; ein Zusammenspiel von Biologie, Physik und Chemie. Er hätte keine Angst vor dem Tod, weil er wüsste oder denken würde, danach alles vorbei ist; ein großes Nichts. Er hätte keine Angst vor Reinkarnation oder irgendeiner Art von Sündigung, die durch einen Gott gerächt würde.

Doch stellt man sich Atheist nicht doch manchmal die Frage, was der Sinn im Leben ist, ob es einen Gott gibt? Wenn das nicht der Fall ist und ein Atheist, wie ich oben beschrieben habe, nichts als der Wissenschaft vertraut, dann wünsche ich mir manchmal, einer von ihnen zu sein. Ich möchte keine Angst haben, möchte mich nicht dauernd nach dem Sinn hierin fragen... Ich kann manchmal wirklich nicht an Gott glauben oder überhaupt an irgendeine höhere Macht. Es wurde nie in mein Leben eingegriffen als ich Hilfe brauchte und darum betete. Nur schlimmer wurde es. Ich kann auch nicht glauben, dass diese Art von Leben Vorhersehung oder Bestimmung sein soll und mir schon so in die Wiege gelegt worden ist.

Doch ich habe diese Hoffnung. Ich weiß nicht, sie steckt so tief in mir, dass egal, was passiert ist, sie am Morgen danach wieder aktiv ist, um mir den Glauben zu schenken, dass ein neuer Tag auch eine neue Chance bedeutet. Selbst wenn ich voll entmutigt in der Biologiestunde sitze, die mir manchmal diesen Zauber vom Leben, des Unbekannten, unserer Seele und unseres Individuendaseins nimmt, fängt sie mich immer wieder auf, diese Hoffnung. Das ist meine Hoffnung, dass nichts umsonst ist; die Hoffnung auf einen Sinn im Leben, die Hoffnung, dass unsere Seele und die Liebe nicht nur ein Zusammenspiel von Biologie, Physik und Chemie sind. Ich habe diese Hoffnung, auch wenn ich mir manchmal wünsche, sie nicht zu haben. Dann hätte ich keine Angst enttäuscht zu werden, irgendwann in der Zukunft.

Ich habe vor kurzem gelesen, dass Wissenschaftler den angeblichen Sitz der »Seele« (denn sie glauben ja nicht an solch »esoterischen Humbug«) gefunden haben sollen. Sie wäre eine Folge von biochemischen Impulsen und Hormonen; das, was wir unsere Emotionen, die so tief aus unserer Seele zu kommen scheinen, nennen. Ich kann es nicht glauben. Vielleicht weigere ich mich auch, das zu glauben. Weil ich Hoffnung habe. Doch ich wünsche mir, es wäre so. Es wäre die unbestrittene Wahrheit. Dann könnte ich aufhören einer Lebensaufgabe hinterher zu rennen, die so viele als Utopie bezeichnen. Ich könnte mich wichtigeren Dingen widmen... Doch was wären wir ohne diesen Zauber vom Leben, wenn wir endgültig wissen würden, was auf dieser Welt vorgeht und warum? Dann wäre uns alles genommen, wir könnten wir uns nicht einmal mehr freuen zu lieben, weil doch sowieso alles eine Frage der Chemie und Biologie wäre. Die ganze Parapsychologie und all die anderen Grenzwissenschaften hätten einen strikt wissenschaftlichen Hintergrund oder wären erstunken und erlogen. Sie wären nicht mehr der Hinweis auf einen höhergeschraubten Sinn unserer Existenz.

Davor habe ich Angst. Das ist paradox. Auf der einen Seite möchte ich, dass alles endlich vorbei ist und ich ein atheistisches Dasein pflegen kann und auf der anderen Seite weiß ich nicht, was das Leben dann noch bieten soll, wenn es wirklich so wäre.

Ich kann nur hoffen, dass die Wahrheit wirklich irgendwo da draußen ist. Dass sie sich mir in ein paar Jahren einige Geheimnisse entlocken lässt, was mich schon die letzte drei Jahre quält, da ich nichts tun kann; ich, das kleine 16jährige Mädchen. Doch wie schon seit Jahrhunderten gesagt wird, stirbt die Hoffnung ja bekanntlich als Letztes.

Prosa – Zyklus »Liebe und Erinnerungen«

12. 04. 2005

I. Teil

Sie lag auf seiner Brust, fest umarmt von seinem starken Arm. Die Nacht ließ sie nur Schemen erkennen und doch sah sie in sein Gesicht. Sein Gesicht, dass sie niemals vergessen würde. Die weichen Züge, die blauen strahlenden Augen und das markante Kinn, mit dessen blonden kräuselnden Haaren sie in der Dunkelheit spielte, während ihr trotz dieser Harmonie und Liebe, die dieser Moment gab, die Angst den Brustkorb verengte.

Sie kuschelte sich noch fester an ihn, wodurch er sich bewegte, nach ihrer Hand an seinem Kinn griff und sie fest umschloß. »Ich liebe dich, mein Engel«, flüsterte er schläfrig, mehr im Land der Träume als in der Realität.

»Ich liebe dich auch«, gab sie leise zurück und fügte fast unverständlich hinzu: »Mehr als du denkst.« Und ihre Gedanken begannen ein Eigenleben zu führen.

Sie hatte in ihrem Leben so viele Männer geliebt – geglaubt sie so sehr lieben zu können, dass diese Liebe die Welten überdauern könnte. Warum sollte ihre Beziehung jetzt nicht auch eines Tages so enden? Und sie mit einem Schmerz allein zurücklassen, der drohte ihren Verstand zu zerstören.

Sie klammerte sich noch fester an seinen warmen Körper. Wie an ein Stück Holz in der stürmischen See, wie an einen seidenen Faden, der sie davor bewahrte in den Abgrund zu fallen.

Auch wenn er fast schlief, registrierte er doch ihre Bewegungen. »Ich lass dich nicht mehr los«, nuschelte er.

»Ich dich auch nie wieder«; antwortete sie nach einer kurzen

Stille, in der sie versuchte ihre Gefühle zu sortieren. »Nie wieder.«

13. 04. 2005
II. Teil

In der Dunkelheit der Morgendämmerung erkannte sie nur seinen Schemen. Er lehnte im Türrahmen, den Kopf in den schmalen Spalt der Vorhänge gesteckt und sah sie ein letztes Mal an, bevor er zur Arbeit ging. Ein dunkler Schatten eines Lächelns zeichnete sich auf seinem Gesicht ab, obwohl ihm wahrscheinlich nicht danach zumute war.

In ihren Augen sammelten sich Tränen, die das Kissen unter ihr nässten. Sie sah ihm direkt ins Gesicht. Sie wollte nicht, dass dieser Moment verging. Läge er doch noch neben ihr! Könnte sie sich doch nur noch einmal an seinen vom schlaf erwärmten Körper kuscheln!

»Ich liebe dich«, flüsterte er ihr ein letztes Mal zu.

»Ich dich auch«, hauchte sie mit ihrem trockenen Hals. Ganz rauh vom ersten erholsamen Schlaf seit Tagen.

Er lächelte ein letztes Mal und ging. Durch den Spalt der Vorhänge sah sie das Licht ausgehen und hörte ihn die Tür hinter sich schließen.

Dieser Tag würde hart werden. Wenn er von der Arbeit kommen würde, würde sie sicherlich schon schlafen. In diesen Tagen ließ sie die Bilder der Zeit aufleben, als sie noch alle Zeit der Welt füreinander hatten. Die Zeit, als sie ihn erst kennen- und lieben lernte.

Sie öffnete die Tür zu seinem Wohnraum. Er saß vor ihr auf der Couch und sah fern. In diesen Tagen kannte sie ihn noch nicht einmal eine Woche. Es war Samstag und die Ferien waren für sie langweilig geworden. Jedoch nicht, als sie vor vier Tagen den

Mann ihrer Träume kennen lernte. Er musste ihr in ihrem Leben schon tausendmal begegnet sein, doch erst jetzt erschien es dem Schicksal wohl notwendig, dass sie sich kennen lernten.

Am Morgen zuvor war sie erst nach vier Uhr von ihm nach Hause gegangen. Sie hatten noch einen Musiksender geschaut, auf dem immer zwei Sternzeichen miteinander verglichen wurde, in welchem Maße sie zusammen passten. Bei ihren Zeichen sollten es 98 % sein.

Beide konnten sie in dieser Nacht nicht einschlafen. Sie erhielt noch im Bett eine Nachricht von ihm, er könne nicht einschlafen, da er über die 98 % nachdachte. Sie weinte sich an diesem Morgen in den Schlaf, da sie sich vorgenommen hatte, es mit ihm langsam angehen zu lassen, da vor ihm so viel schief gelaufen war.

So kannten sie sich erst wenige Tage und schon sollte sich womöglich abzeichnen, dass sie füreinander bestimmt waren.

Sie hatten sich in diesen Tagen so gut miteinander verstanden, als würden sie sich schon Jahre kennen, was nur von seiner Seite her zutraf.

An diesem Nachmittag also sahen sie wieder gemeinsam fern. Ab und zu versuchte er sie aus der Reserve zu locken, indem er ihr Knie zwickte, an dem sie wahnsinnig kitzlig war. Dies ging so lang, bis beide ineinander verknotet vor Lachen nicht mehr konnten.

Kurz vor dem Abendessen gingen sie im Haus zusammen die Treppen herunter bis zur Tür seiner Eltern. Beide würden jetzt zum Essen gehen. Sie verabredeten sich für den Abend um gemeinsam zu einem Freund zu gehen.

Sie wollte ihm zum Abschied einen Kuss auf die Wange geben, doch er kam ihr zuvor, er küsste sie auf den Mund. Dieser kurze und doch intensive Moment, als sich ihre Lippen zum ersten Mal berührten, zeigte ihr wie schnell und ohne jegliche Vorwarnung sich das Leben ändern konnte. Jetzt würde alles anders werden. – Er hatte ihr Leben ja jetzt schon auf den Kopf gestellt.

14. 04. 2005
<u>III. Teil</u>

Die nächtliche Ruhe war trügerisch. Vor Schmerzen krampfte sie sich an seiner Hand fest, dessen Druck er schläfrig wiedergab. Dieser Druck gab ihr eine gewisse Ruhe, er symbolisierte ihr eine Art Schutz vor den Schmerzen, die sie nicht schlafen ließen.

»Ich habe Angst«, flüsterte sie.

»Ich weiß. Beruhige dich«, antwortete er schläfrig. »Versuche zu schlafen.«

Das versuchte sie ja schon die ganze Zeit! Die Angst vor einer ihr noch unbekannten Krankheit, die ihr Ende bedeuten könnte, lähmte sie fast gänzlich. Die Angst, das, was sie sich vorgenommen hatte zu erreichen, nicht mehr tun zu können. Die Angst, die Menschen, die sie liebte, allein lassen zu müssen.

Früher wäre es ihr egal gewesen. Lieber ein schnelles Ende der Qual als kein Ende, das war ihre Devise gewesen. Zu dieser Zeit hatte sie aber noch nicht gewusst, wie gut sich wahre Liebe anfühlen konnte.

Ohne diese Liebe würde sie aufhören zu exestieren, Krankheit hin oder her. Sie stellte sich vor, diesen Mann eines Tages nicht mehr zu lieben, genauso über ihn zu schimpfen wie über die anderen vor ihm. Es war so absurd. Und was würde es dann nützen, sich überhaupt die Mühe zu machen zu lieben? Der immer währende Zyklus von Liebe und Schmerz, was für einen Sinn würde er dann machen? Und wenn er keinen Sinn machte, warum verpönen dann so viele Menschen die wahre Liebe, wenn nur sie Sinn machen würde?

Es blieb jedoch eine weitere Frage offen: Würde sie überhaupt je aufhören können ihn zu lieben?

14. 04. 2005
IV. Teil

Der Augenblick, als er aufwachte, sie dabei fest umarmte und noch trunken vom Schlaf nuschelte: »Ich bin immer für dich da.« stand in diesem Moment im Kontrast zu ihrem Alptraum, aus dem sie gerade aufgewacht war.

Warum sagte er das? Hatte er ihre Angst, ausgelöst durch den Traum, gespürt? Er hätte sie nicht weinen hören können, da lautlose Tränen ihre Haut benetzten, die der Traum, den sie ihm den Rücken zugewandt geträumt hatte, ausgelöst hatte.

Immer und immer wieder schossen ihr die Bilder durch den Kopf, wie Erinnerungsfetzen der Vergangenheit, wenn sie unter totaler Amnesie leiden würde.

Sein liebloses, gleichgültiges Gesicht. Die Kälte der Umgebung, in der sie sich befunden hatte. Die rastlose Suche nach ihm. Und die Szene, als er ihr den Rücken zugewandt hatte und gegangen war. Für immer, ein eisiger Hauch von Ewigkeit, so schien es in diesem Traum.

Sie konnte die Freude, dass es nur ein Traum gewesen war, kaum in Worte fassen. Die Freude, dass er dicht neben ihr lag, sein warmer Atem nah an ihrem Ohr, und ihr so ein Gefühl von endloser Liebe gab.

NACHWORT

Ich hatte früher immer gehofft, dass ich eines Tages aus dem Fenster schaue und mir plötzlich alles klar werden würde, wie als würde Gott mir alle Antworten in meine Hände geben...

Dass das nicht so einfach ist, begreife ich erst jetzt allmählich, auch wenn ich glaube, ich hätte schon viel erlebt. Doch dem ist noch lange nicht so...

Diese Gedichte und Prosastücke halfen mir über die bisher schwersten drei Jahre meines Lebens hinweg. Sie halfen mir, einen klaren Kopf zu bewahren, wenn auch das blanke Chaos herrschte. Sie sind mein Leben, gewissermaßen der künstlerische Ersatz für die fehlenden Seiten meiner Tagebücher. Sie sind sie Chronik meiner Gefühle, das einzig Schöne meist trauriger Erinnerungen.